DAS
Freundebuch

für
Katzenhalter

DAS Freundebuch für Katzenhalter – Dosenöffner unter sich
© Daniela Müller

Erscheinungsjahr: 2020

Umschlaggestaltung: Daniela Müller
Umschlagqualität: Books on Demand
Fotos & Karikaturen: © Daniela Müller
Illustrationen: © Daniela Müller

2. Auflage

Autor: Daniela Müller
www.schnurrtopia.de

Herstellung und Verlag:
BoD – Books on Demand, Norderstedt
ISBN 978-3-7504-6190-1

Für die Druckqualität des Buches und des Covers ist der Verlag verantwortlich.

Buchbesitzer

Dieses Freundebuch gehört: _____

Es befindet sich seit _____ in meinem Besitz.

Sollte ich es verlieren, sende es bitte an folgende Adresse:

Was ich mir von dem Füllen dieses Buches erhoffe:

Meine eigene Katze:

X

...falls du es schaffst, sie
zu fotografieren

Name:

Rasse:

Farbe:

Alter:

Wie kam diese Samtpfote
in mein Leben?

Wie verbringen wir gemeinsame Zeit?

Lustigste
Angewohnheit:

Lieblingsmomente:

Charakter-
Eigenschaften:

Eine besondere Geschichte
über diese Katze:

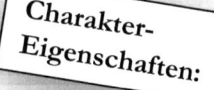

Meine eigene Katze:

Miau

X

…falls du es schaffst, sie
zu fotografieren

Name:

Rasse:

Farbe:

Alter:

Wie verbringen wir gemeinsame Zeit?

Wie kam diese Samtpfote
in mein Leben?

Lustigste
Angewohnheit:

Lieblingsmomente:

Charakter-
Eigenschaften:

Eine besondere Geschichte
über diese Katze:

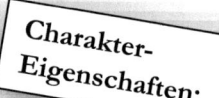

Meine eigene Katze:

Miau

X

...falls du es schaffst, sie
zu fotografieren

Name:

Rasse:

Farbe:

Alter:

Wie verbringen wir gemeinsame Zeit?

Wie kam diese Samtpfote
in mein Leben?

Lustigste
Angewohnheit:

Lieblingsmomente:

Charakter-
Eigenschaften:

Eine besondere Geschichte
über diese Katze:

Liebe Freunde.

Ich danke euch fürs Mitmachen, Mitgestalten und Ausfüllen dieses Buches.

Ist es euch nicht bunt genug? Dann nehmt die Farbstifte in die Hand und malt los.

Ihr möchtet mehr erzählen als die Fragen hergeben? Nur zu, füllt jeden freien Millimeter. Eurer Fantasie sind keine Grenzen gesetzt.

Ihr seid nicht verpflichtet, alle Fragen zu beantworten, fühlt euch wohl bei dem was ihr schreibt. Jedem von euch stehen 6 Seiten zur Verfügung. 3 davon bieten Platz für 3 Katzenprofile. Hat jemand mehr, lasst euch was einfallen.

Hoffentlich habt ihr ebenso viel Freude am Ausfüllen, wie ich beim Lesen. Vielen Dank für eure wertvolle Zeit, sie schafft Erinnerungen.

Und nun seid ihr dran, viel Spaß!

PS: bitte hinterlasst hier auf dieser Seite einen Finger- bzw. Pfotenabdruck ☺

Dein Name…

…Dein Geburtstag

Hier ist Platz für ein

Foto von dir

Wann und wie haben wir uns kennengelernt:

....

....

**Bist du
Stadtmensch
oder Landei:**

Auf was bist du stolz:

Wie bist du `auf die
Katz` gekommen:

Kannst du dir ein Leben ohne
Katze(n) vorstellen:

Was magst du an
mir am liebsten:

Was magst du an deiner/n
Katze(n) am liebsten:

Sind Katzen
ein Tor zur
Unterwelt?

Dein Lieblingsbuch:

Rot / Weiß ÷ trocken / halbtrocken / lieblich

Mehr über dich:

☐ Wein   ☐ Bier   ☐ sonstige

☐ **Tee**   ☐ **Kaffee**   ☐ **Kakao**

☐ Vegan   ☐ Vegetarier   ☐ Fleischfresser

Was man von dir wissen sollte: _____

_____ ⬅

Bist du schon immer Katzenfreund?

Hast du einen grünen **D**aumen?

H o b b i e s :

Was fasziniert dich am meisten an Katzen:

Dein Beruf:

FILME: Horror - Love - Thriller - SiFi - Funny - Action

Bekommt deine Katze Weihnachtsgeschenke?

Was wünschst du dir in deinem Leben?

Bringt es Pech,

wenn eine Katze

deinen Weg kreuzt?

Hier ist Platz für ein Foto deiner Katze:

Miau

 **Profil 1**

X

...falls du es schaffst, sie zu fotografieren

Name:

Rasse:

Farbe:

Alter:

Wie verbringt ihr gemeinsame Zeit?

Wie kam diese Samtpfote in dein Leben?

Lustigste Angewohnheit:

Lieblingsmomente:

Charakter-Eigenschaften:

Eine besondere Geschichte über diese Katze:

Hier ist Platz für ein Foto
deiner Katze:

Miau

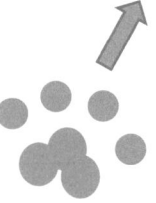 **Profil 2**

X

Name:

Rasse:

...falls du es schaffst, sie
zu fotografieren

Farbe:

Alter:

Wie kam diese Samtpfote
in dein Leben?

Wie verbringt ihr gemeinsame Zeit?

Lieblingsmomente:

Lustigste
Angewohnheit:

Charakter-
Eigenschaften:

Eine besondere Geschichte
über diese Katze:

Hier ist Platz für ein Foto
deiner Katze:

Miau

 **Profil 3**

X

...falls du es schaffst, sie
zu fotografieren

Name:

Rasse:

Farbe:

Alter:

Wie verbringt ihr gemeinsame Zeit?

Wie kam diese Samtpfote
in dein Leben?

Lustigste
Angewohnheit

Lieblingsmomente:

Charakter-
Eigenschaften:

Eine besondere Geschichte
über diese Katze:

Katze/n   vs.   Dosenöffner

Lieblings-

-Futter:

-Snack:

-Beschäftigung:

-Ritual:

-Gewohnheit:

-Spiel:

Kosename(n):

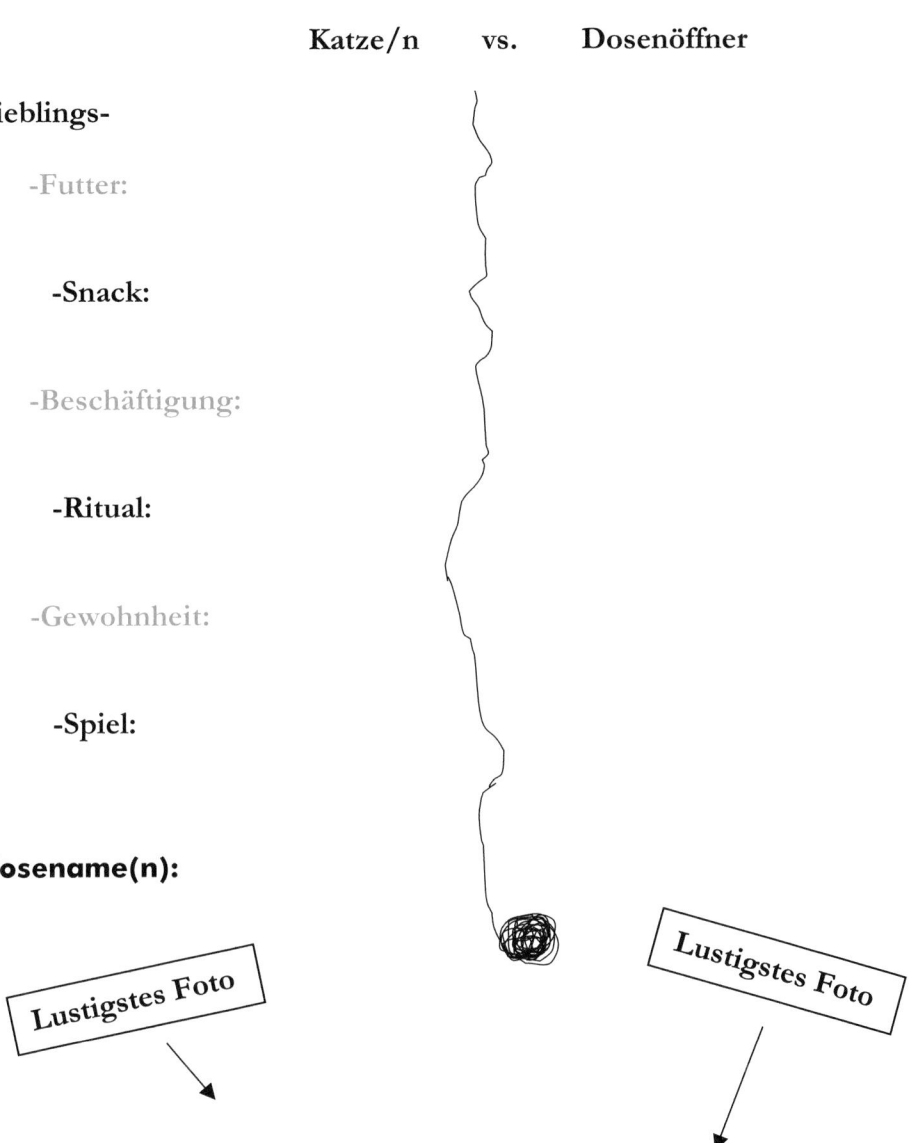

Lustigstes Foto

Lustigstes Foto

Ohne Foto:
Bring mich
anders
zum Lachen:

Dein Name…

…Dein Geburtstag

Hier ist Platz für ein

Foto von dir

Heutiges Datum:

Wann und wie haben wir uns kennengelernt:

....

....

Bist du Stadtmensch oder Landei:

Auf was bist du stolz:

Wie bist du `auf die Katz` gekommen:

Kannst du dir ein Leben ohne Katze(n) vorstellen:

Was magst du an mir am liebsten:

Was magst du an deiner/n Katze(n) am liebsten:

Sind Katzen ein Tor zur Unterwelt?

Dein Lieblingsbuch:

Rot / Weiß ÷ trocken / halbtrocken / lieblich

Mehr über dich:

- [ ] Wein
- [ ] Bier
- [ ] sonstige
- [ ] **Tee**
- [ ] **Kaffee**
- [ ] **Kakao**
- [ ] Vegan
- [ ] Vegetarier
- [ ] Fleischfresser

Was man von dir wissen sollte: _____

_____ ⬅

Bist du schon immer Katzenfreund?

Hast du einen grünen **D**aumen?

H o b b i e s :

Was fasziniert dich am meisten an Katzen:

Dein Beruf:

FILME: Horror - Love - Thriller - SiFi - Funny - Action

Bekommt deine Katze Weihnachtsgeschenke?

Bringt es Pech,

Was wünschst du dir in deinem Leben?

wenn eine Katze

deinen Weg kreuzt?

Hier ist Platz für ein Foto deiner Katze:

Miau

 **Profil 1**

X

...falls du es schaffst, sie zu fotografieren

Name:

Rasse:

Farbe:

Alter:

Wie verbringt ihr gemeinsame Zeit?

Wie kam diese Samtpfote in dein Leben?

Lustigste Angewohnheit:

Lieblingsmomente:

Charakter-Eigenschaften:

Eine besondere Geschichte über diese Katze:

Hier ist Platz für ein Foto
deiner Katze:

Miau

Profil 2

X

...falls du es schaffst, sie
zu fotografieren

Name:

Rasse:

Farbe:

Alter:

Wie kam diese Samtpfote
in dein Leben?

Wie verbringt ihr gemeinsame Zeit?

Lieblingsmomente:

Lustigste
Angewohnheit:

Charakter-
Eigenschaften:

Eine besondere Geschichte
über diese Katze:

Hier ist Platz für ein Foto
deiner Katze:

 **Profil 3**

X

…falls du es schaffst, sie
zu fotografieren

Name:

Rasse:

Farbe:

Alter:

Wie verbringt ihr gemeinsame Zeit?

Wie kam diese Samtpfote
in dein Leben?

Lustigste
Angewohnheit

Lieblingsmomente:

Charakter-
Eigenschaften:

Eine besondere Geschichte
über diese Katze:

Katze/n   vs.   Dosenöffner

Lieblings-

-Futter:

-Snack:

-Beschäftigung:

-Ritual:

-Gewohnheit:

-Spiel:

Kosename(n):

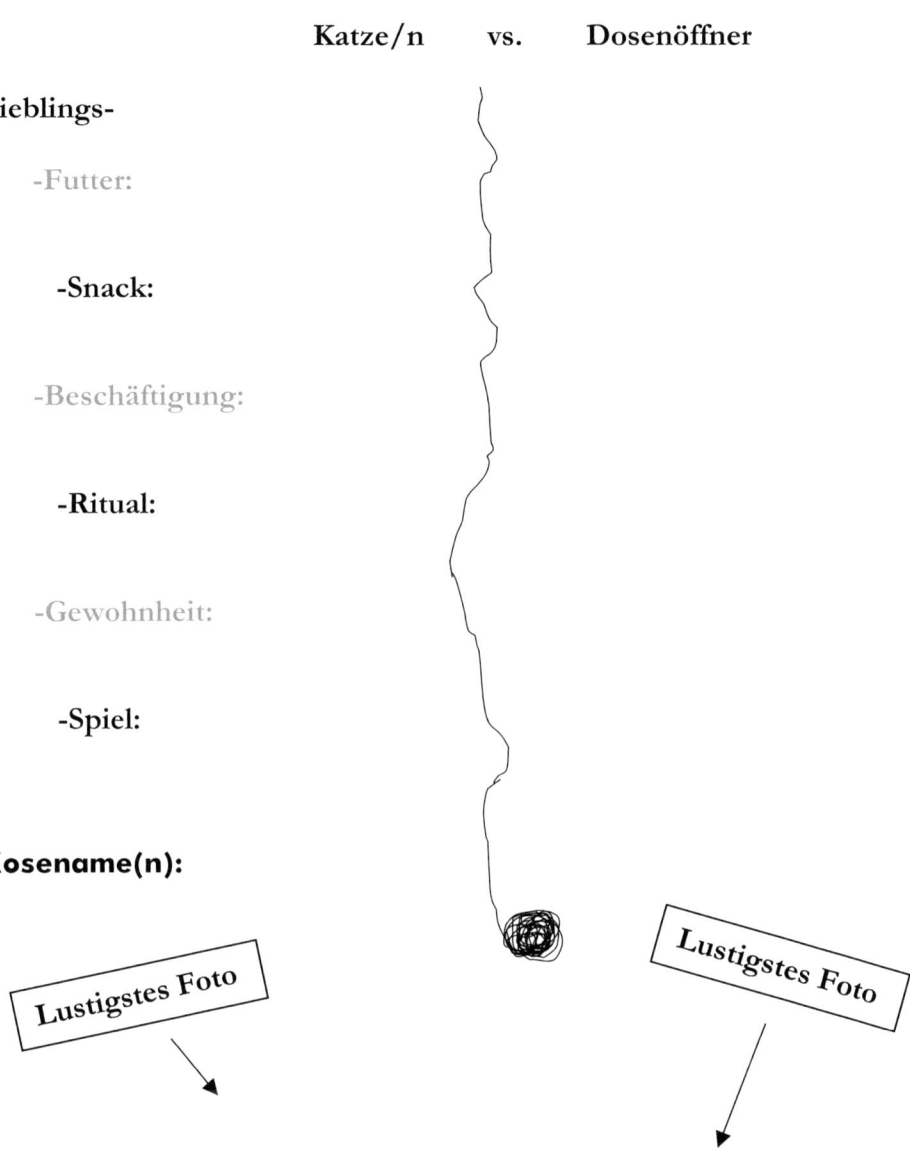

Lustigstes Foto

Lustigstes Foto

Ohne Foto:
Bring mich
anders
zum Lachen:

Dein Name...

...Dein Geburtstag

Hier ist Platz für ein

Foto von dir

Wann und wie haben wir uns kennengelernt:

....

....

Bist du Stadtmensch oder Landei:

Auf was bist du stolz:

Wie bist du `auf die Katz` gekommen:

Kannst du dir ein Leben ohne Katze(n) vorstellen:

Was magst du an mir am liebsten:

Was magst du an deiner/n Katze(n) am liebsten:

Sind Katzen ein Tor zur Unterwelt?

Dein Lieblingsbuch:

Rot / Weiß ÷ trocken / halbtrocken / lieblich

Mehr über dich:

☐ Wein ☐ Bier ☐ sonstige
☐ **Tee** ☐ **Kaffee** ☐ **Kakao**
☐ Vegan ☐ Vegetarier ☐ Fleischfresser

Was man von dir wissen sollte: _____

_____ ←

Bist du schon immer Katzenfreund?

Hast du einen grünen **D**aumen?

H o b b i e s :

Was fasziniert dich am meisten an Katzen:

Dein Beruf:

FILME: Horror - Love - Thriller - SiFi - Funny - Action

Bekommt deine Katze Weihnachtsgeschenke?

Was wünschst du dir in deinem Leben?

Bringt es Pech,

wenn eine Katze

deinen Weg kreuzt?

Hier ist Platz für ein Foto
deiner Katze:

Miau

 **Profil 1**

X

…falls du es schaffst, sie
zu fotografieren

Name:

Rasse:

Farbe:

Alter:

Wie verbringt ihr gemeinsame Zeit?

Wie kam diese Samtpfote
in dein Leben?

Lustigste
Angewohnheit:

Lieblingsmomente:

Charakter-
Eigenschaften:

Eine besondere Geschichte
über diese Katze:

Hier ist Platz für ein Foto
deiner Katze:

Miau

 **Profil 2**

X

...falls du es schaffst, sie
zu fotografieren

Name:

Rasse:

Farbe:

Alter:

Wie kam diese Samtpfote
in dein Leben?

Wie verbringt ihr gemeinsame Zeit?

Lieblingsmomente:

Lustigste
Angewohnheit:

Charakter-
Eigenschaften:

Eine besondere Geschichte
über diese Katze:

Hier ist Platz für ein Foto deiner Katze:

X

…falls du es schaffst, sie zu fotografieren

 *Miau*

 **Profil 3**

Name:

Rasse:

Farbe:

Alter:

Wie verbringt ihr gemeinsame Zeit?

Wie kam diese Samtpfote in dein Leben?

Lustigste Angewohnheit

Lieblingsmomente:

Charakter-Eigenschaften:

Eine besondere Geschichte über diese Katze:

Katze/n   vs.   Dosenöffner

Lieblings-

-Futter:

-Snack:

-Beschäftigung:

-Ritual:

-Gewohnheit:

-Spiel:

Kosename(n):

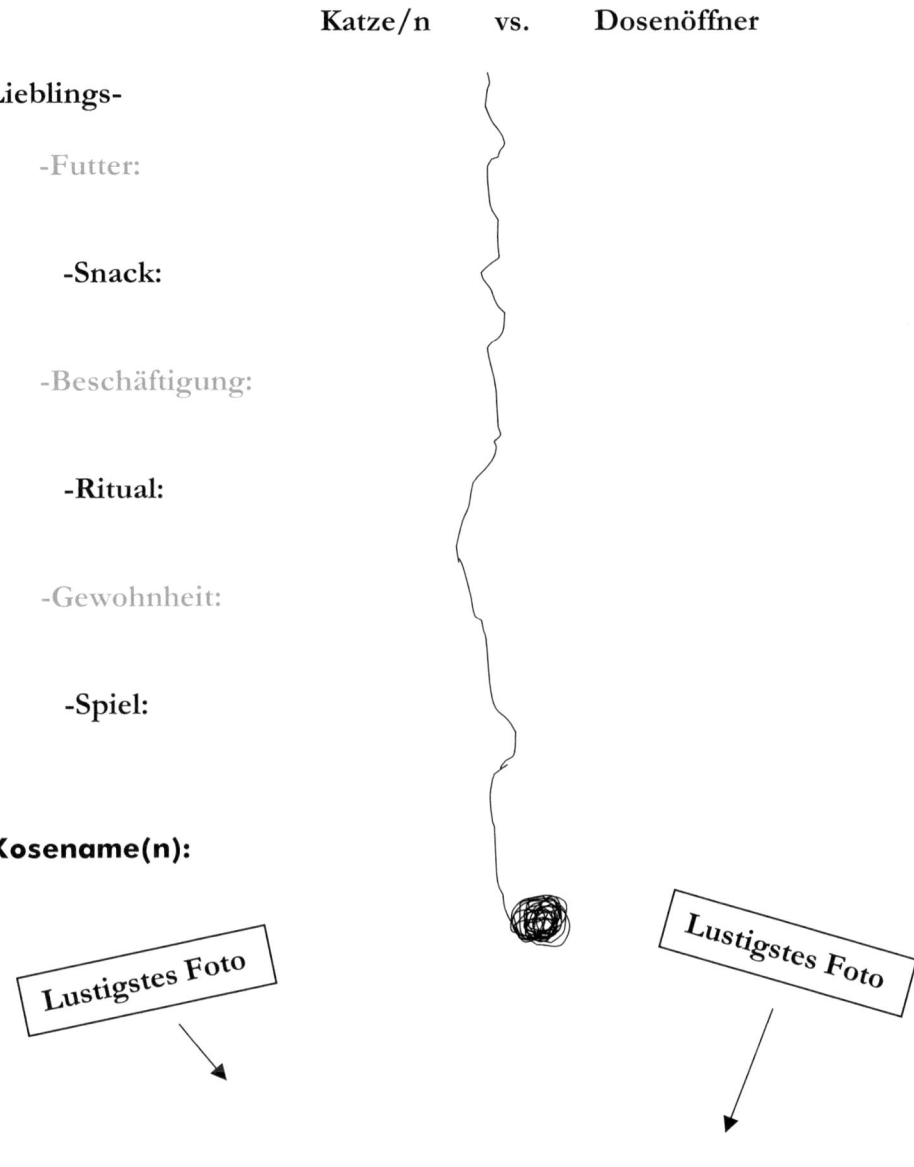

Lustigstes Foto

Lustigstes Foto

Ohne Foto:
Bring mich
anders
zum Lachen:

Dein Name...

...Dein Geburtstag

Hier ist Platz für ein

Foto von dir

Heutiges Datum:

Wann und wie haben wir uns kennengelernt:

....

....

Bist du Stadtmensch oder Landei:

Auf was bist du stolz:

Wie bist du `auf die Katz` gekommen:

Kannst du dir ein Leben ohne Katze(n) vorstellen:

Was magst du an mir am liebsten:

Was magst du an deiner/n Katze(n) am liebsten:

Sind Katzen ein Tor zur Unterwelt?

Dein Lieblingsbuch:

Rot / Weiß ÷ trocken / halbtrocken / lieblich

Mehr über dich:

☐ Wein ☐ Bier ☐ sonstige

☐ Tee ☐ Kaffee ☐ Kakao

☐ Vegan ☐ Vegetarier ☐ Fleischfresser

Was man von dir wissen sollte: _____

_____ ↵

Bist du schon immer Katzenfreund?

Hast du einen grünen **D**aumen?

H o b b i e s :

Was fasziniert dich am meisten an Katzen:

Dein Beruf:

FILME: Horror - Love - Thriller - SiFi - Funny - Action

Bekommt deine Katze Weihnachtsgeschenke?

Was wünschst du dir in deinem Leben?

Bringt es Pech,

wenn eine Katze

deinen Weg kreuzt?

Hier ist Platz für ein Foto deiner Katze:

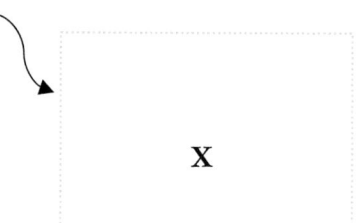

Miau

X

…falls du es schaffst, sie zu fotografieren

Name:

Rasse:

Farbe:

Alter:

Wie kam diese Samtpfote in dein Leben?

Wie verbringt ihr gemeinsame Zeit?

Lustigste Angewohnheit:

Lieblingsmomente:

Charakter-Eigenschaften:

Eine besondere Geschichte über diese Katze:

Hier ist Platz für ein Foto
deiner Katze:

Miau

 **Profil 2**

X

Name:

...falls du es schaffst, sie
zu fotografieren

Rasse:

Farbe:

Alter:

Wie kam diese Samtpfote
in dein Leben?

Wie verbringt ihr gemeinsame Zeit?

Lieblingsmomente:

Lustigste
Angewohnheit:

Charakter-
Eigenschaften:

Eine besondere Geschichte
über diese Katze:

Hier ist Platz für ein Foto
deiner Katze:

X

...falls du es schaffst, sie
zu fotografieren

 **Profil 3**

Name:

Rasse:

Farbe:

Alter:

Wie verbringt ihr gemeinsame Zeit?

Wie kam diese Samtpfote
in dein Leben?

Lustigste
Angewohnheit

Lieblingsmomente:

Charakter-
Eigenschaften:

Eine besondere Geschichte
über diese Katze:

Katze/n   vs.   Dosenöffner

Lieblings-

   -Futter:

    -Snack:

   -Beschäftigung:

    -Ritual:

   -Gewohnheit:

    -Spiel:

Kosename(n):

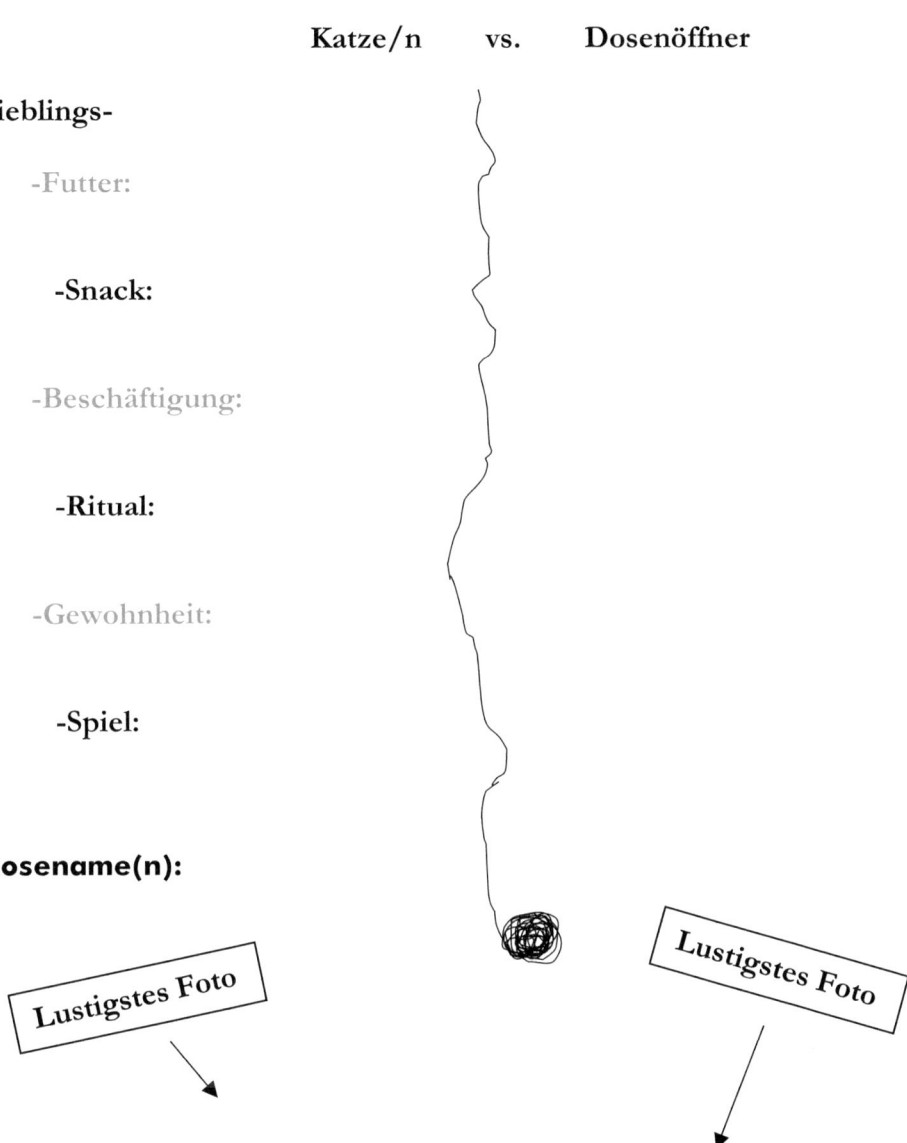

Lustigstes Foto

Lustigstes Foto

Ohne Foto:
Bring mich
anders
zum Lachen:

Dein Name…

…Dein Geburtstag

Hier ist Platz für ein

Foto von dir

Wann und wie haben wir uns kennengelernt:

....

....

Heutiges Datum:

**Bist du
Stadtmensch
oder Landei:**

Auf was bist du stolz:

Wie bist du `auf die
Katz` gekommen:

Kannst du dir ein Leben ohne
Katze(n) vorstellen:

**Was magst du an
mir am liebsten:**

Was magst du an deiner/n
Katze(n) am liebsten:

Sind Katzen
ein Tor zur
Unterwelt?

Dein Lieblingsbuch:

Rot / Weiß ÷ trocken / halbtrocken / lieblich

Mehr über dich:

◻ Wein ◻ Bier ◻ sonstige

◻ **Tee** ◻ **Kaffee** ◻ **Kakao**

◻ Vegan ◻ Vegetarier ◻ Fleischfresser

Was man von dir wissen sollte: _____

_____ ⬅

Bist du schon immer Katzenfreund?

Hast du einen grünen **D**aumen?

H o b b i e s :

Was fasziniert dich am meisten an Katzen:

Dein Beruf:

FILME: Horror - Love - Thriller - SiFi - Funny - Action

Bekommt deine Katze Weihnachtsgeschenke?

Was wünschst du dir in deinem Leben?

Bringt es Pech,

wenn eine Katze

deinen Weg kreuzt?

Hier ist Platz für ein Foto deiner Katze:

X

...falls du es schaffst, sie zu fotografieren

Miau

 **Profil 1**

Name:

Rasse:

Farbe:

Alter:

Wie verbringt ihr gemeinsame Zeit?

Wie kam diese Samtpfote in dein Leben?

Lustigste Angewohnheit:

Lieblingsmomente:

Charakter-Eigenschaften:

Eine besondere Geschichte über diese Katze:

Hier ist Platz für ein Foto
deiner Katze:

Miau

🐈 **Profil 2**

X

...falls du es schaffst, sie
zu fotografieren

Name:

Rasse:

Farbe:

Alter:

Wie kam diese Samtpfote
in dein Leben?

Wie verbringt ihr gemeinsame Zeit?

Lieblingsmomente:

Lustigste
Angewohnheit:

Charakter-
Eigenschaften:

Eine besondere Geschichte
über diese Katze:

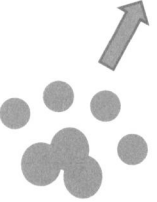

Hier ist Platz für ein Foto deiner Katze:

X

...falls du es schaffst, sie zu fotografieren

Miau

 **Profil 3**

Name:

Rasse:

Farbe:

Alter:

Wie verbringt ihr gemeinsame Zeit?

Wie kam diese Samtpfote in dein Leben?

Lustigste Angewohnheit

Lieblingsmomente:

Charakter-Eigenschaften:

Eine besondere Geschichte über diese Katze:

Katze/n   vs.   Dosenöffner

Lieblings-

    -Futter:

      -Snack:

    -Beschäftigung:

      -Ritual:

    -Gewohnheit:

      -Spiel:

Kosename(n):

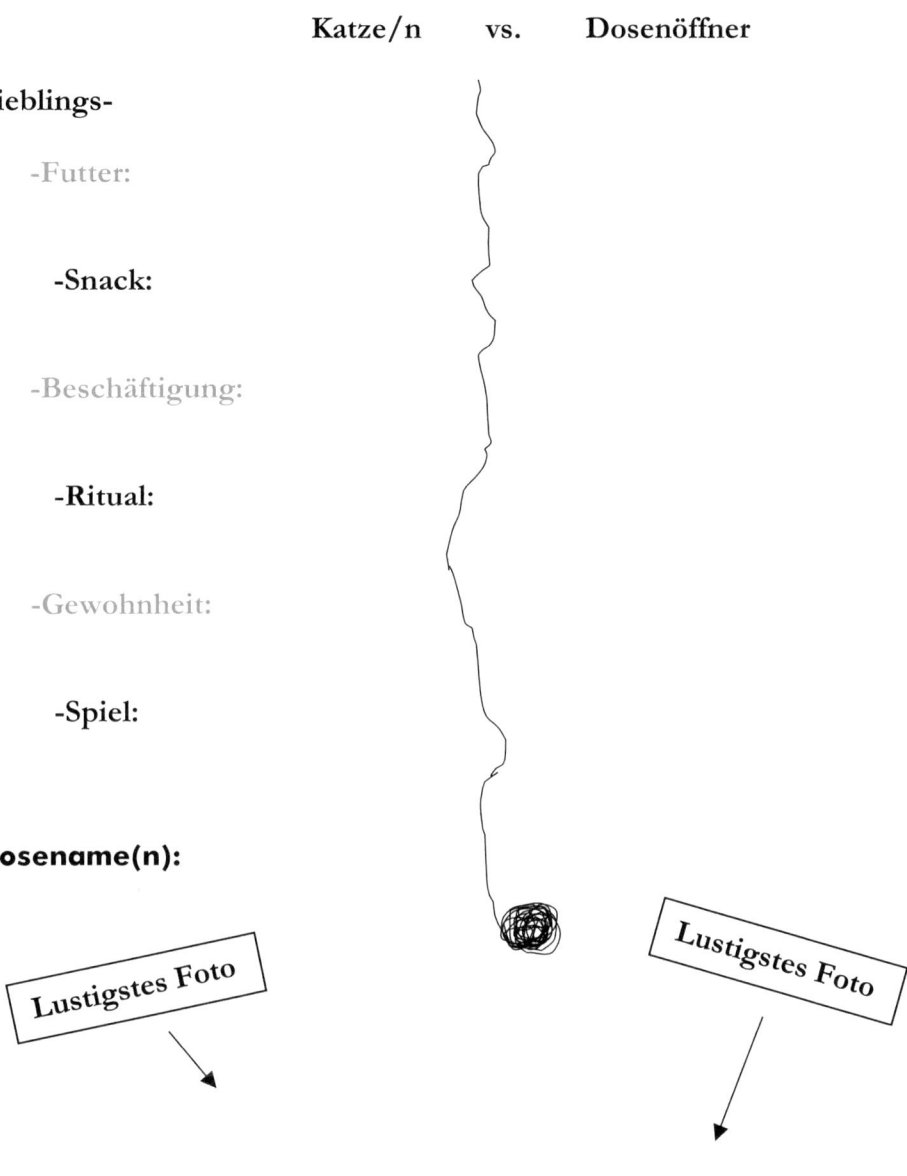

Lustigstes Foto

Lustigstes Foto

Ohne Foto:
Bring mich
anders
zum Lachen:

Dein Name…

…Dein Geburtstag

Hier ist Platz für ein

Foto von dir

Wann und wie haben wir uns kennengelernt:

....

....

Heutiges Datum:

**Bist du
Stadtmensch
oder Landei:**

Auf was bist du stolz:

Wie bist du `auf die
Katz` gekommen:

Kannst du dir ein Leben ohne
Katze(n) vorstellen:

Was magst du an
mir am liebsten:

Was magst du an deiner/n
Katze(n) am liebsten:

Sind Katzen
ein Tor zur
Unterwelt?

Dein Lieblingsbuch:

Rot / Weiß ÷ trocken / halbtrocken / lieblich

Mehr über dich:

☐ Wein ☐ Bier ☐ sonstige

☐ **Tee** ☐ **Kaffee** ☐ **Kakao**

☐ Vegan ☐ Vegetarier ☐ Fleischfresser

Was man von dir wissen sollte: _____

_____ ↵

Bist du schon immer Katzenfreund?

Hast du einen grünen **D**aumen?

H o b b i e s :

Was fasziniert dich am meisten an Katzen:

Dein Beruf:

FILME: Horror - Love - Thriller - SiFi - Funny - Action

Bekommt deine Katze Weihnachtsgeschenke?

Was wünschst du dir in deinem Leben?

Bringt es Pech,

wenn eine Katze

deinen Weg kreuzt?

Hier ist Platz für ein Foto
deiner Katze:

Miau

 **Profil 1**

X

…falls du es schaffst, sie
zu fotografieren

Name:

Rasse:

Farbe:

Alter:

Wie verbringt ihr gemeinsame Zeit?

Wie kam diese Samtpfote
in dein Leben?

Lustigste
Angewohnheit:

Lieblingsmomente:

Charakter-
Eigenschaften:

Eine besondere Geschichte
über diese Katze:

Hier ist Platz für ein Foto
deiner Katze:

Miau

X

Name:

...falls du es schaffst, sie
zu fotografieren

Rasse:

Farbe:

Alter:

Wie kam diese Samtpfote
in dein Leben?

Wie verbringt ihr gemeinsame Zeit?

Lieblingsmomente:

Lustigste
Angewohnheit:

Charakter-
Eigenschaften:

Eine besondere Geschichte
über diese Katze:

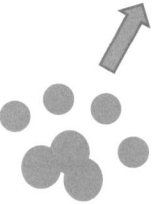

Hier ist Platz für ein Foto
deiner Katze:

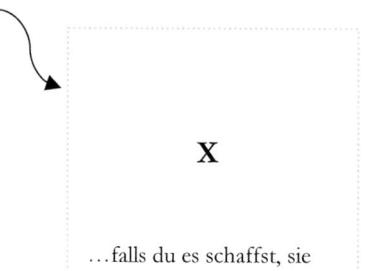

Miau

🐈 **Profil 3**

X

...falls du es schaffst, sie
zu fotografieren

Name:

Rasse:

Farbe:

Alter:

Wie verbringt ihr gemeinsame Zeit?

Wie kam diese Samtpfote
in dein Leben?

Lustigste
Angewohnheit

Lieblingsmomente:

Charakter-
Eigenschaften:

Eine besondere Geschichte
über diese Katze:

Katze/n   vs.   Dosenöffner

Lieblings-

-Futter:

-Snack:

-Beschäftigung:

-Ritual:

-Gewohnheit:

-Spiel:

Kosename(n):

Lustigstes Foto

Lustigstes Foto

Ohne Foto:
Bring mich
anders
zum Lachen:

Dein Name...

...Dein Geburtstag

Hier ist Platz für ein

Foto von dir

Wann und wie haben wir uns kennengelernt:

....

....

Bist du Stadtmensch oder Landei:

Auf was bist du stolz:

Wie bist du `auf die Katz` gekommen:

Kannst du dir ein Leben ohne Katze(n) vorstellen:

Was magst du an mir am liebsten:

Was magst du an deiner/n Katze(n) am liebsten:

Sind Katzen ein Tor zur Unterwelt?

Dein Lieblingsbuch:

Rot / Weiß ÷ trocken / halbtrocken / lieblich

Mehr über dich:

☐ Wein ☐ Bier ☐ sonstige

☐ **Tee** ☐ **Kaffee** ☐ **Kakao**

☐ Vegan ☐ Vegetarier ☐ Fleischfresser

Was man von dir wissen sollte: _____

_____ ⬅

Bist du schon immer Katzenfreund?

Hast du einen grünen **D**aumen?

H o b b i e s :

Was fasziniert dich am meisten an Katzen:

Dein Beruf:

FILME: Horror - Love - Thriller - SiFi - Funny - Action

Bekommt deine Katze Weihnachtsgeschenke?

Was wünschst du dir in deinem Leben?

Bringt es Pech,

wenn eine Katze

deinen Weg kreuzt?

Hier ist Platz für ein Foto
deiner Katze:

X

…falls du es schaffst, sie
zu fotografieren

Name:

Rasse:

Farbe:

Alter:

Wie kam diese Samtpfote
in dein Leben?

Wie verbringt ihr gemeinsame Zeit?

Lieblingsmomente:

Lustigste
Angewohnheit:

Charakter-
Eigenschaften:

Eine besondere Geschichte
über diese Katze:

Hier ist Platz für ein Foto
deiner Katze:

Miau

Profil 2

X

...falls du es schaffst, sie
zu fotografieren

Name:

Rasse:

Farbe:

Alter:

Wie kam diese Samtpfote
in dein Leben?

Wie verbringt ihr gemeinsame Zeit?

Lieblingsmomente:

Lustigste
Angewohnheit:

Charakter-
Eigenschaften:

Eine besondere Geschichte
über diese Katze:

Hier ist Platz für ein Foto
deiner Katze:

Miau

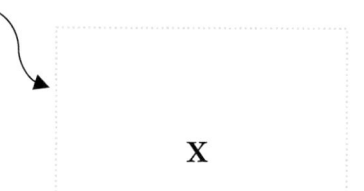 Profil 3

X

...falls du es schaffst, sie
zu fotografieren

Name:

Rasse:

Farbe:

Alter:

Wie verbringt ihr gemeinsame Zeit?

Wie kam diese Samtpfote
in dein Leben?

Lustigste
Angewohnheit

Lieblingsmomente:

Charakter-
Eigenschaften:

Eine besondere Geschichte
über diese Katze:

Katze/n   vs.   Dosenöffner

Lieblings-

   -Futter:

    -Snack:

   -Beschäftigung:

    -Ritual:

   -Gewohnheit:

    -Spiel:

Kosename(n):

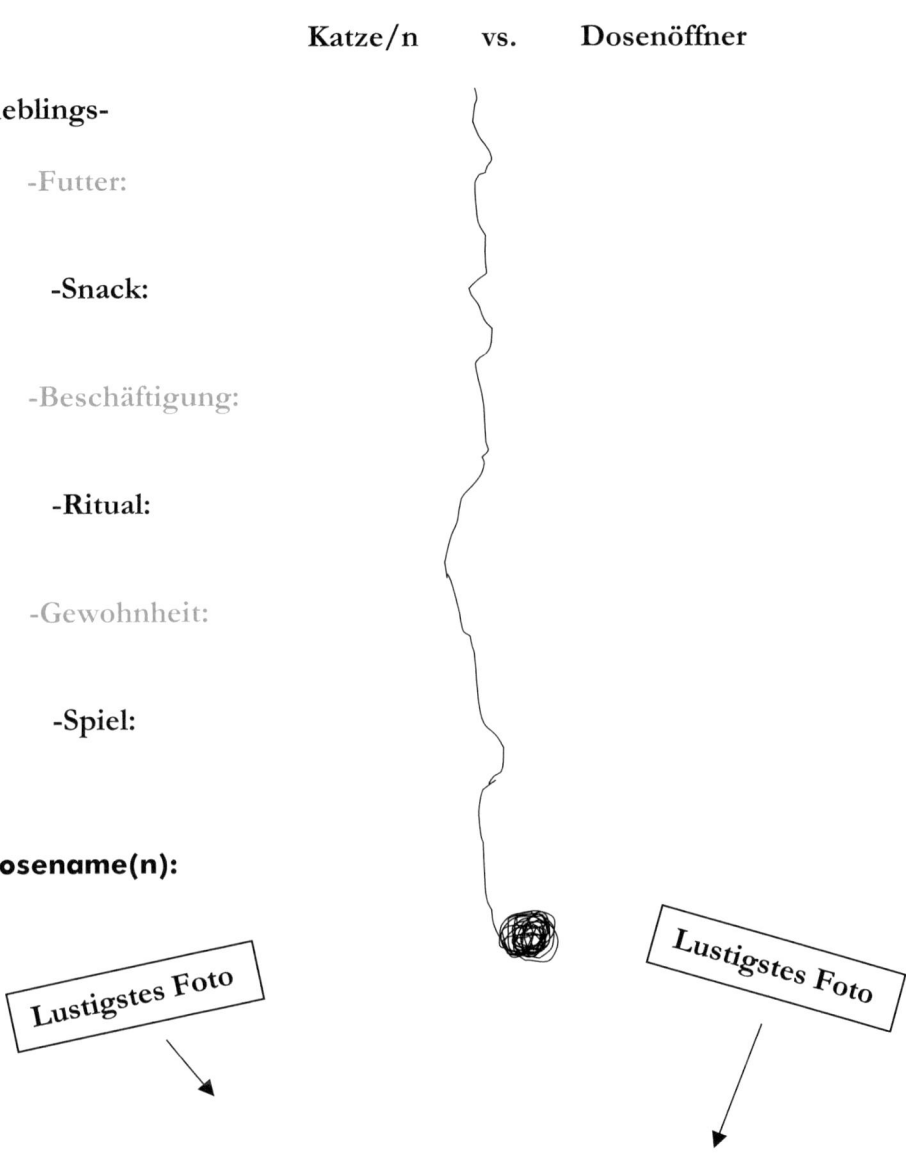

Lustigstes Foto

Lustigstes Foto

Ohne Foto:
Bring mich
anders
zum Lachen:

Dein Name...

...Dein Geburtstag

Hier ist Platz für ein

Foto von dir

Heutiges Datum: _____

Wann und wie haben wir uns kennengelernt:

....

....

Bist du Stadtmensch oder Landei:

Auf was bist du stolz:

Wie bist du `auf die Katz` gekommen:

Kannst du dir ein Leben ohne Katze(n) vorstellen:

Was magst du an mir am liebsten:

Was magst du an deiner/n Katze(n) am liebsten:

Sind Katzen ein Tor zur Unterwelt?

Dein Lieblingsbuch:

Rot / Weiß ÷ trocken / halbtrocken / lieblich

Mehr über dich:

☐ Wein ☐ Bier ☐ sonstige

☐ Tee ☐ Kaffee ☐ Kakao

☐ Vegan ☐ Vegetarier ☐ Fleischfresser

Was man von dir wissen sollte: _____

_____ ↰

Bist du schon immer Katzenfreund?

Hast du einen grünen **D**aumen?

H o b b i e s :

Was fasziniert dich am meisten an Katzen:

Dein Beruf:

FILME: Horror - Love - Thriller - SiFi - Funny - Action

Bekommt deine Katze Weihnachtsgeschenke?

Was wünschst du dir in deinem Leben?

Bringt es Pech,

wenn eine Katze

deinen Weg kreuzt?

Hier ist Platz für ein Foto deiner Katze:

Miau

 **Profil 1**

X

…falls du es schaffst, sie zu fotografieren

Name:

Rasse:

Farbe:

Alter:

Wie verbringt ihr gemeinsame Zeit?

Wie kam diese Samtpfote in dein Leben?

Lustigste Angewohnheit:

Lieblingsmomente:

Charakter-Eigenschaften:

Eine besondere Geschichte über diese Katze:

Hier ist Platz für ein Foto
deiner Katze:

Miau

🐈 **Profil 2**

X

...falls du es schaffst, sie
zu fotografieren

Name:

Rasse:

Farbe:

Alter:

Wie kam diese Samtpfote
in dein Leben?

Wie verbringt ihr gemeinsame Zeit?

Lieblingsmomente:

Lustigste
Angewohnheit:

Charakter-
Eigenschaften:

Eine besondere Geschichte
über diese Katze:

Hier ist Platz für ein Foto
deiner Katze:

Miau

 **Profil 3**

X

Name:

Rasse:

…falls du es schaffst, sie
zu fotografieren

Farbe:

Alter:

Wie verbringt ihr gemeinsame Zeit?

Wie kam diese Samtpfote
in dein Leben?

Lustigste
Angewohnheit

Lieblingsmomente:

Charakter-
Eigenschaften:

Eine besondere Geschichte
über diese Katze:

Katze/n   vs.   Dosenöffner

Lieblings-

-Futter:

-Snack:

-Beschäftigung:

-Ritual:

-Gewohnheit:

-Spiel:

Kosename(n):

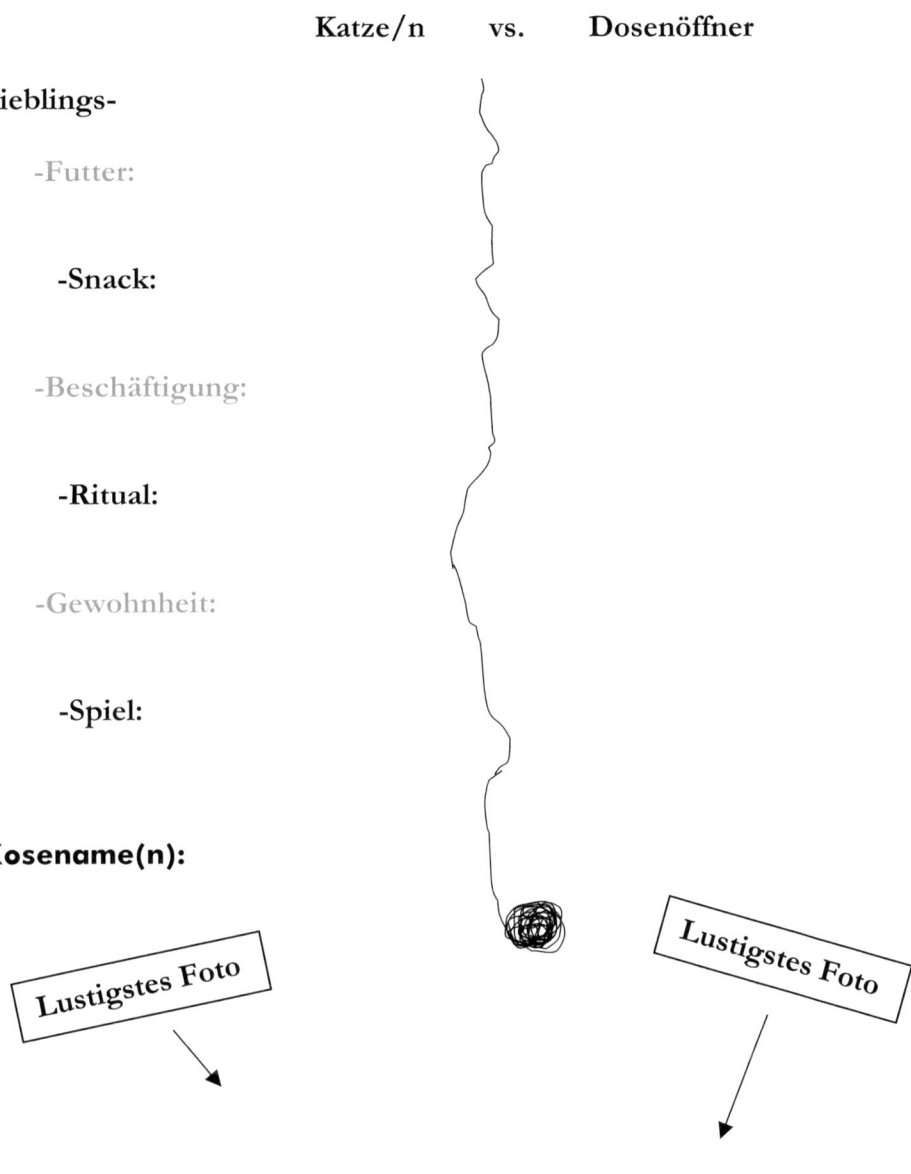

Lustigstes Foto

Lustigstes Foto

Ohne Foto:
Bring mich
anders
zum Lachen:

Dein Name...

...Dein Geburtstag

Hier ist Platz für ein

Foto von dir

Wann und wie haben wir uns kennengelernt:

....

....

Bist du Stadtmensch oder Landei:

Auf was bist du stolz:

Wie bist du `auf die Katz` gekommen:

Kannst du dir ein Leben ohne Katze(n) vorstellen:

Was magst du an mir am liebsten:

Was magst du an deiner/n Katze(n) am liebsten:

Sind Katzen ein Tor zur Unterwelt?

Dein Lieblingsbuch:

Rot / Weiß ÷ trocken / halbtrocken / lieblich

Mehr über dich:

☐ Wein   ☐ Bier   ☐ sonstige

☐ Tee   ☐ Kaffee   ☐ Kakao

☐ Vegan   ☐ Vegetarier   ☐ Fleischfresser

Was man von dir wissen sollte: _____

_____ ⤶

Bist du schon immer Katzenfreund?

Hast du einen grünen **D**aumen?

H o b b i e s :

Was fasziniert dich am meisten an Katzen:

Dein Beruf:

FILME: Horror - Love - Thriller - SiFi - Funny - Action

Bekommt deine Katze Weihnachtsgeschenke?

Was wünschst du dir in deinem Leben?

Bringt es Pech,

wenn eine Katze

deinen Weg kreuzt?

Hier ist Platz für ein Foto
deiner Katze:

Miau

 **Profil 1**

X

…falls du es schaffst, sie
zu fotografieren

Name:

Rasse:

Farbe:

Alter:

Wie kam diese Samtpfote
in dein Leben?

Wie verbringt ihr gemeinsame Zeit?

Lieblingsmomente:

Lustigste
Angewohnheit:

Charakter-
Eigenschaften:

Eine besondere Geschichte
über diese Katze:

Hier ist Platz für ein Foto
deiner Katze:

Miau

X

...falls du es schaffst, sie
zu fotografieren

Name:

Rasse:

Farbe:

Alter:

Wie kam diese Samtpfote
in dein Leben?

Wie verbringt ihr gemeinsame Zeit?

Lieblingsmomente:

Lustigste
Angewohnheit:

Charakter-
Eigenschaften:

Eine besondere Geschichte
über diese Katze:

Hier ist Platz für ein Foto
deiner Katze:

Miau

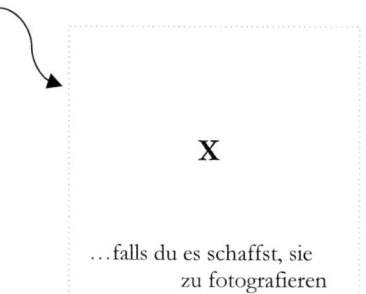 Profil 3

X

…falls du es schaffst, sie
zu fotografieren

Name:

Rasse:

Farbe:

Alter:

Wie verbringt ihr gemeinsame Zeit?

Wie kam diese Samtpfote
in dein Leben?

Lustigste
Angewohnheit

Lieblingsmomente:

Charakter-
Eigenschaften:

Eine besondere Geschichte
über diese Katze:

Katze/n   vs.   Dosenöffner

Lieblings-

-Futter:

-Snack:

-Beschäftigung:

-Ritual:

-Gewohnheit:

-Spiel:

Kosename(n):

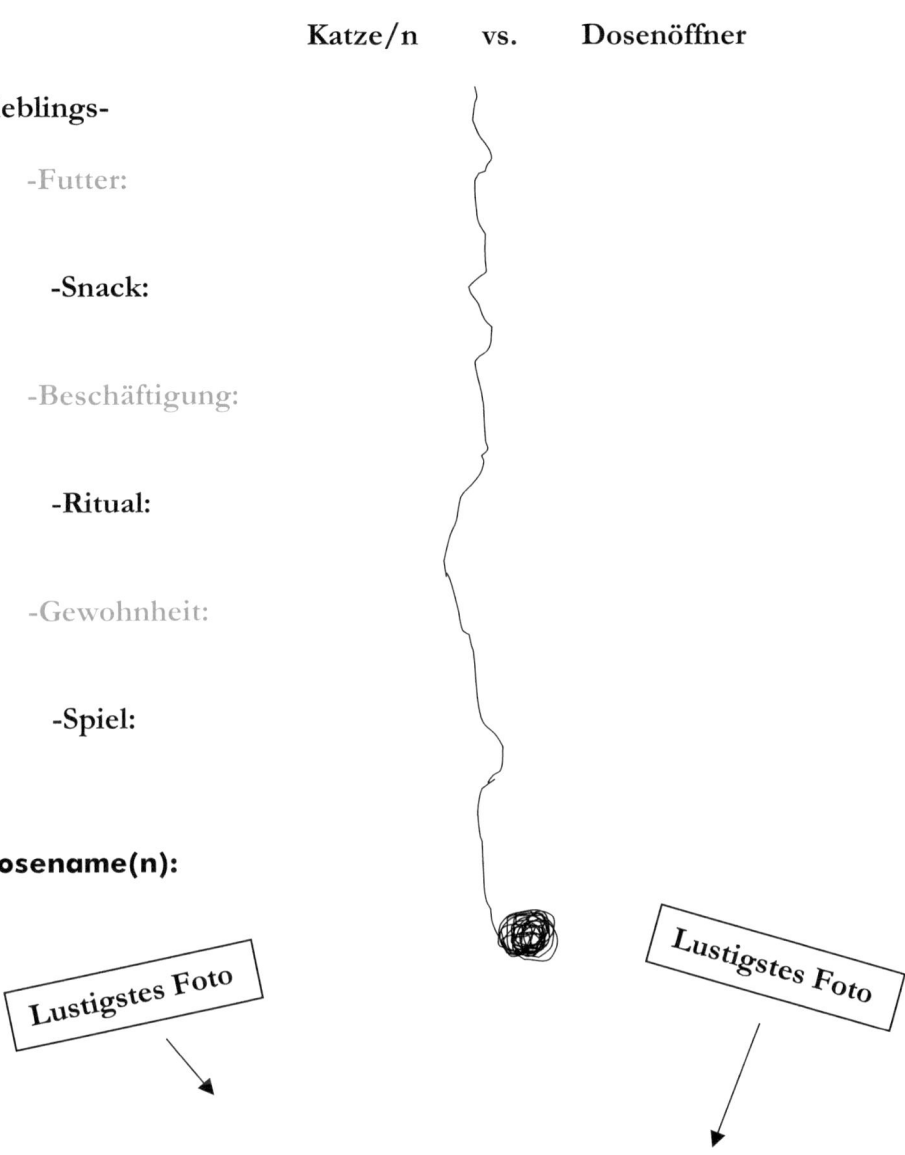

Lustigstes Foto

Lustigstes Foto

Ohne Foto:
Bring mich
anders
zum Lachen:

Dein Name…

…Dein Geburtstag

Hier ist Platz für ein

Foto von dir

Wann und wie haben wir uns kennengelernt:

....

....

Heutiges Datum:

Bist du Stadtmensch oder Landei:

Auf was bist du stolz:

Wie bist du `auf die Katz` gekommen:

Kannst du dir ein Leben ohne Katze(n) vorstellen:

Was magst du an mir am liebsten:

Was magst du an deiner/n Katze(n) am liebsten:

Sind Katzen ein Tor zur Unterwelt?

Dein Lieblingsbuch:

Rot / Weiß ÷ trocken / halbtrocken / lieblich

Mehr über dich:

☐ Wein ☐ Bier ☐ sonstige

☐ **Tee** ☐ **Kaffee** ☐ **Kakao**

☐ Vegan ☐ Vegetarier ☐ Fleischfresser

Was man von dir wissen sollte: _____

_____

Bist du schon immer Katzenfreund?

Hast du einen grünen **D**aumen?

H o b b i e s :

Was fasziniert dich am meisten an Katzen:

Dein Beruf:

FILME: Horror - Love - Thriller - SiFi - Funny - Action

Bekommt deine Katze Weihnachtsgeschenke?

Was wünschst du dir in deinem Leben?

Bringt es Pech,

wenn eine Katze

deinen Weg kreuzt?

Hier ist Platz für ein Foto
deiner Katze:

Miau

 **Profil 1**

X

…falls du es schaffst, sie
zu fotografieren

Name:

Rasse:

Farbe:

Alter:

Wie verbringt ihr gemeinsame Zeit?

Wie kam diese Samtpfote
in dein Leben?

Lustigste
Angewohnheit:

Lieblingsmomente:

Charakter-
Eigenschaften:

Eine besondere Geschichte
über diese Katze:

Hier ist Platz für ein Foto
deiner Katze:

Miau

X

...falls du es schaffst, sie
zu fotografieren

Name:

Rasse:

Farbe:

Alter:

Wie kam diese Samtpfote
in dein Leben?

Wie verbringt ihr gemeinsame Zeit?

Lieblingsmomente:

Lustigste
Angewohnheit:

Charakter-
Eigenschaften:

Eine besondere Geschichte
über diese Katze:

Hier ist Platz für ein Foto
deiner Katze:

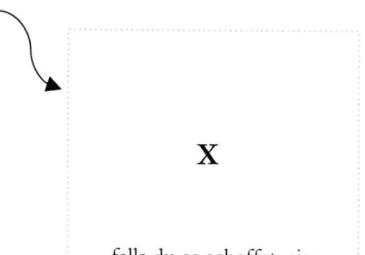

Miau

🐈 **Profil 3**

X

…falls du es schaffst, sie
zu fotografieren

Name:

Rasse:

Farbe:

Alter:

Wie verbringt ihr gemeinsame Zeit?

Wie kam diese Samtpfote
in dein Leben?

Lustigste
Angewohnheit

Lieblingsmomente:

Charakter-
Eigenschaften:

Eine besondere Geschichte
über diese Katze:

Katze/n   vs.   Dosenöffner

Lieblings-

   -Futter:

    -Snack:

   -Beschäftigung:

    -Ritual:

   -Gewohnheit:

    -Spiel:

Kosename(n):

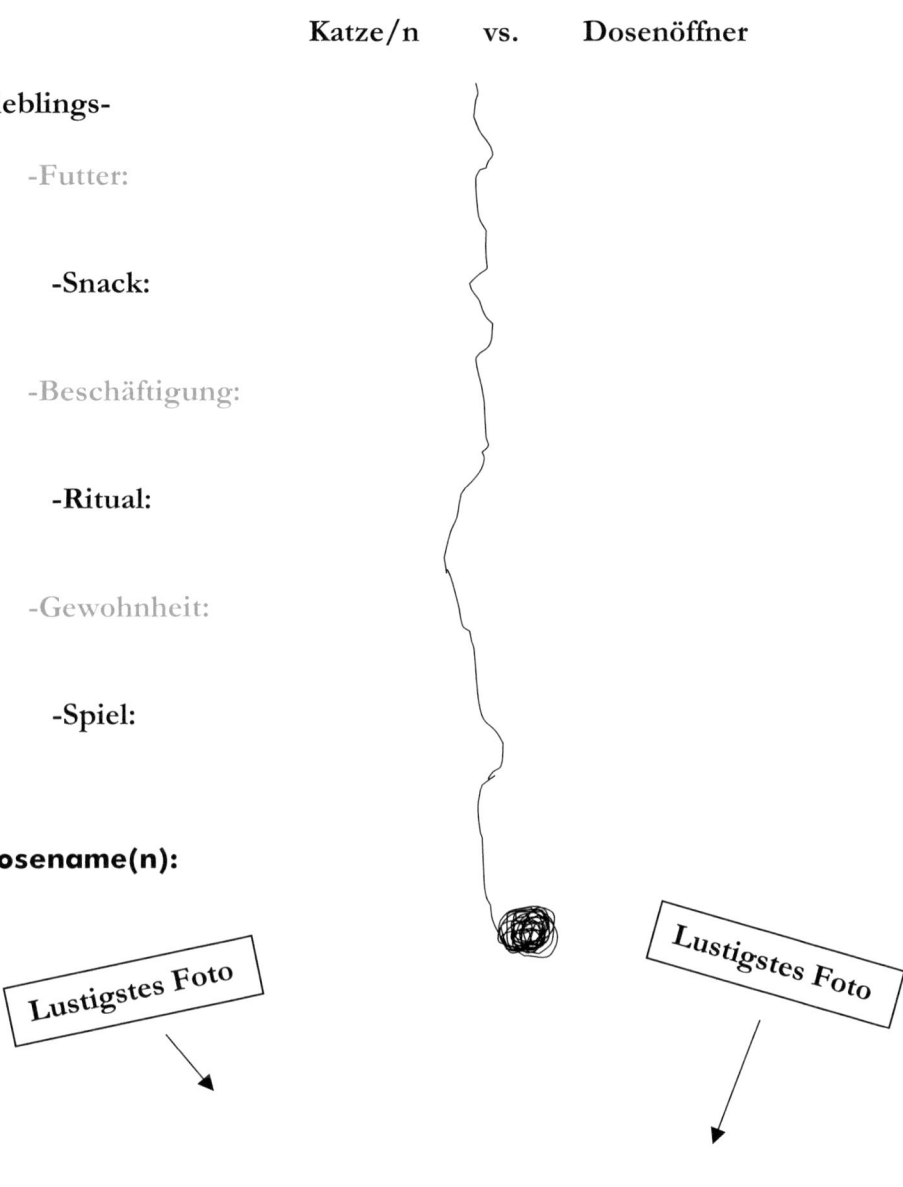

Lustigstes Foto

Lustigstes Foto

Ohne Foto:
Bring mich
anders
zum Lachen:

Dein Name…

…Dein Geburtstag

Hier ist Platz für ein

Foto von dir

Wann und wie haben wir uns kennengelernt:

....

....

Heutiges Datum:

**Bist du
Stadtmensch
oder Landei:**

Auf was bist du stolz:

Wie bist du `auf die
Katz` gekommen:

Kannst du dir ein Leben ohne
Katze(n) vorstellen:

Was magst du an
mir am liebsten:

Was magst du an deiner/n
Katze(n) am liebsten:

Sind Katzen
ein Tor zur
Unterwelt?

Dein Lieblingsbuch:

Rot / Weiß ÷ trocken / halbtrocken / lieblich

Mehr über dich:

☐ Wein ☐ Bier ☐ sonstige

☐ **Tee** ☐ **Kaffee** ☐ **Kakao**

☐ Vegan ☐ Vegetarier ☐ Fleischfresser

Was man von dir wissen sollte: _____

_____ ⬅

Bist du schon immer Katzenfreund?

Hast du einen grünen **D**aumen?

H o b b i e s:

Was fasziniert dich am meisten an Katzen:

Dein Beruf:

FILME: Horror - Love - Thriller - SiFi - Funny - Action

Bekommt deine Katze Weihnachtsgeschenke?

Was wünschst du dir in deinem Leben?

Bringt es Pech,

wenn eine Katze

deinen Weg kreuzt?

Hier ist Platz für ein Foto
deiner Katze:

X

...falls du es schaffst, sie
zu fotografieren

Miau

Name:

Rasse:

Farbe:

Alter:

Wie verbringt ihr gemeinsame Zeit?

Wie kam diese Samtpfote
in dein Leben?

Lustigste
Angewohnheit:

Lieblingsmomente:

Charakter-
Eigenschaften:

Eine besondere Geschichte
über diese Katze:

Hier ist Platz für ein Foto
deiner Katze:

Miau

🐱 **Profil 2**

X

...falls du es schaffst, sie
zu fotografieren

Name:

Rasse:

Farbe:

Alter:

Wie kam diese Samtpfote
in dein Leben?

Wie verbringt ihr gemeinsame Zeit?

Lieblingsmomente:

Lustigste
Angewohnheit:

Charakter-
Eigenschaften:

Eine besondere Geschichte
über diese Katze:

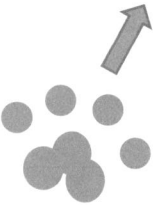

Hier ist Platz für ein Foto
deiner Katze:

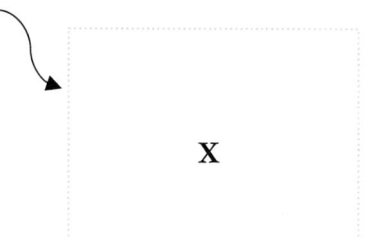

Miau

**Profil 3**

X

...falls du es schaffst, sie
zu fotografieren

Name:

Rasse:

Farbe:

Alter:

Wie verbringt ihr gemeinsame Zeit?

Wie kam diese Samtpfote
in dein Leben?

Lustigste
Angewohnheit

Lieblingsmomente:

Charakter-
Eigenschaften:

Eine besondere Geschichte
über diese Katze:

Katze/n   vs.   Dosenöffner

Lieblings-

-Futter:

-Snack:

-Beschäftigung:

-Ritual:

-Gewohnheit:

-Spiel:

Kosename(n):

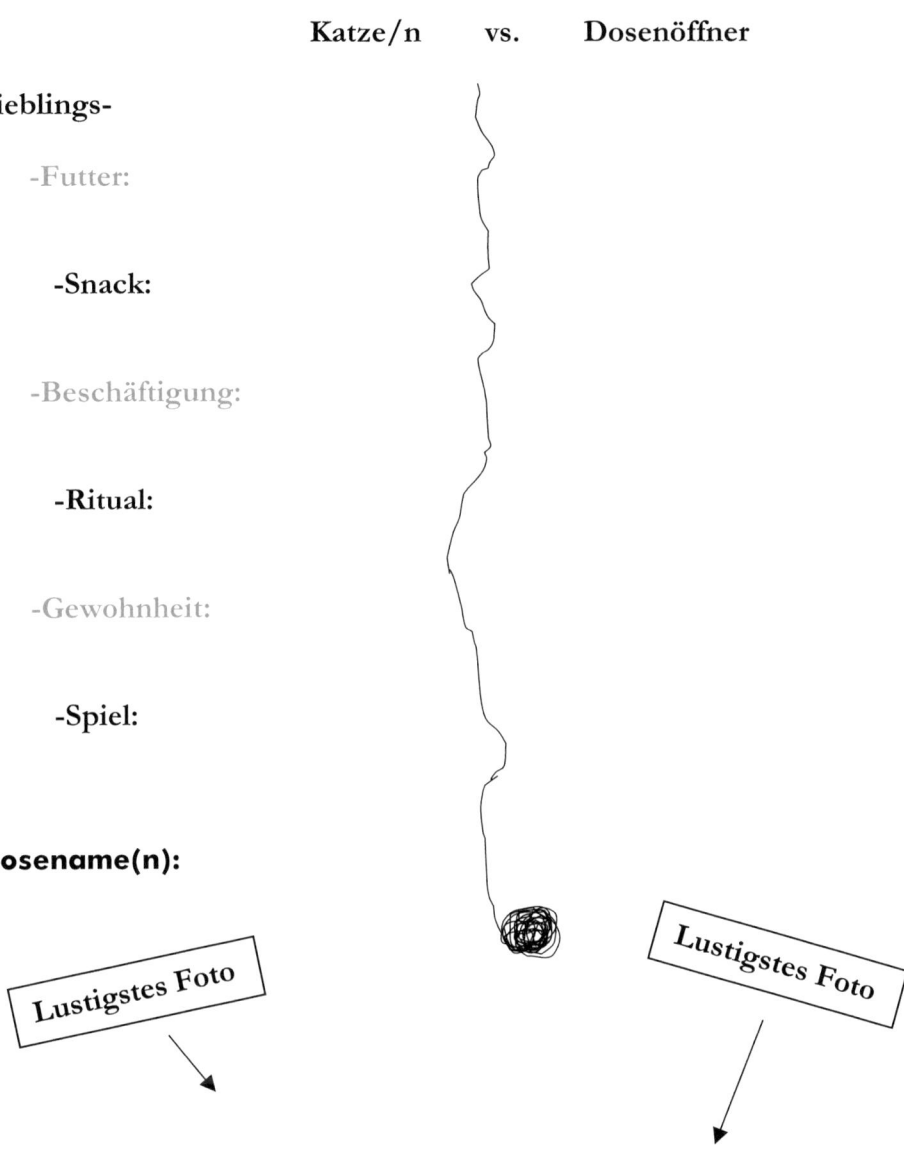

Lustigstes Foto

Lustigstes Foto

Ohne Foto:
Bring mich
anders
zum Lachen:

Dein Name...

...Dein Geburtstag

Hier ist Platz für ein

Foto von dir

Wann und wie haben wir uns kennengelernt:

....

....

Heutiges Datum: _____

**Bist du
Stadtmensch
oder Landei:**

Auf was bist du stolz:

Wie bist du `auf die Katz` gekommen:

Kannst du dir ein Leben ohne
Katze(n) vorstellen:

Was magst du an
mir am liebsten:

Was magst du an deiner/n
Katze(n) am liebsten:

Sind Katzen
ein Tor zur
Unterwelt?

Dein Lieblingsbuch:

Rot / Weiß ÷ trocken / halbtrocken / lieblich

Mehr über dich:

◻ Wein ◻ Bier ◻ sonstige

◻ Tee ◻ Kaffee ◻ Kakao

◻ Vegan ◻ Vegetarier ◻ Fleischfresser

Was man von dir wissen sollte: _____

_____ ↵

Bist du schon immer Katzenfreund?

Hast du einen grünen **D**aumen?

H o b b i e s :

Was fasziniert dich am meisten an Katzen:

Dein Beruf:

FILME: Horror - Love - Thriller - SiFi - Funny - Action

Bekommt deine Katze Weihnachtsgeschenke?

Was wünschst du dir in deinem Leben?

Bringt es Pech,

wenn eine Katze

deinen Weg kreuzt?

Hier ist Platz für ein Foto
deiner Katze:

Miau

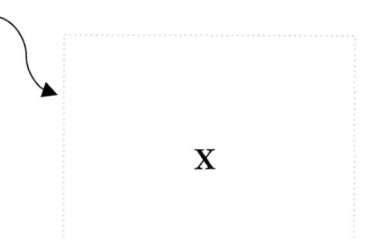 **Profil 1**

X

...falls du es schaffst, sie
zu fotografieren

Name:

Rasse:

Farbe:

Alter:

Wie verbringt ihr gemeinsame Zeit?

Wie kam diese Samtpfote
in dein Leben?

Lustigste
Angewohnheit:

Lieblingsmomente:

Charakter-
Eigenschaften:

Eine besondere Geschichte
über diese Katze:

Hier ist Platz für ein Foto deiner Katze:

X

...falls du es schaffst, sie zu fotografieren

Name:

Rasse:

Farbe:

Alter:

Wie kam diese Samtpfote in dein Leben?

Wie verbringt ihr gemeinsame Zeit?

Lieblingsmomente:

Lustigste Angewohnheit:

Charakter-Eigenschaften:

Eine besondere Geschichte über diese Katze:

Hier ist Platz für ein Foto
deiner Katze:

Miau

 **Profil 3**

X

...falls du es schaffst, sie
zu fotografieren

Name:

Rasse:

Farbe:

Alter:

Wie verbringt ihr gemeinsame Zeit?

Wie kam diese Samtpfote
in dein Leben?

Lustigste
Angewohnheit

Lieblingsmomente:

Charakter-
Eigenschaften:

Eine besondere Geschichte
über diese Katze:

Katze/n   vs.   Dosenöffner

Lieblings-

  -Futter:

  -Snack:

  -Beschäftigung:

  -Ritual:

  -Gewohnheit:

  -Spiel:

Kosename(n):

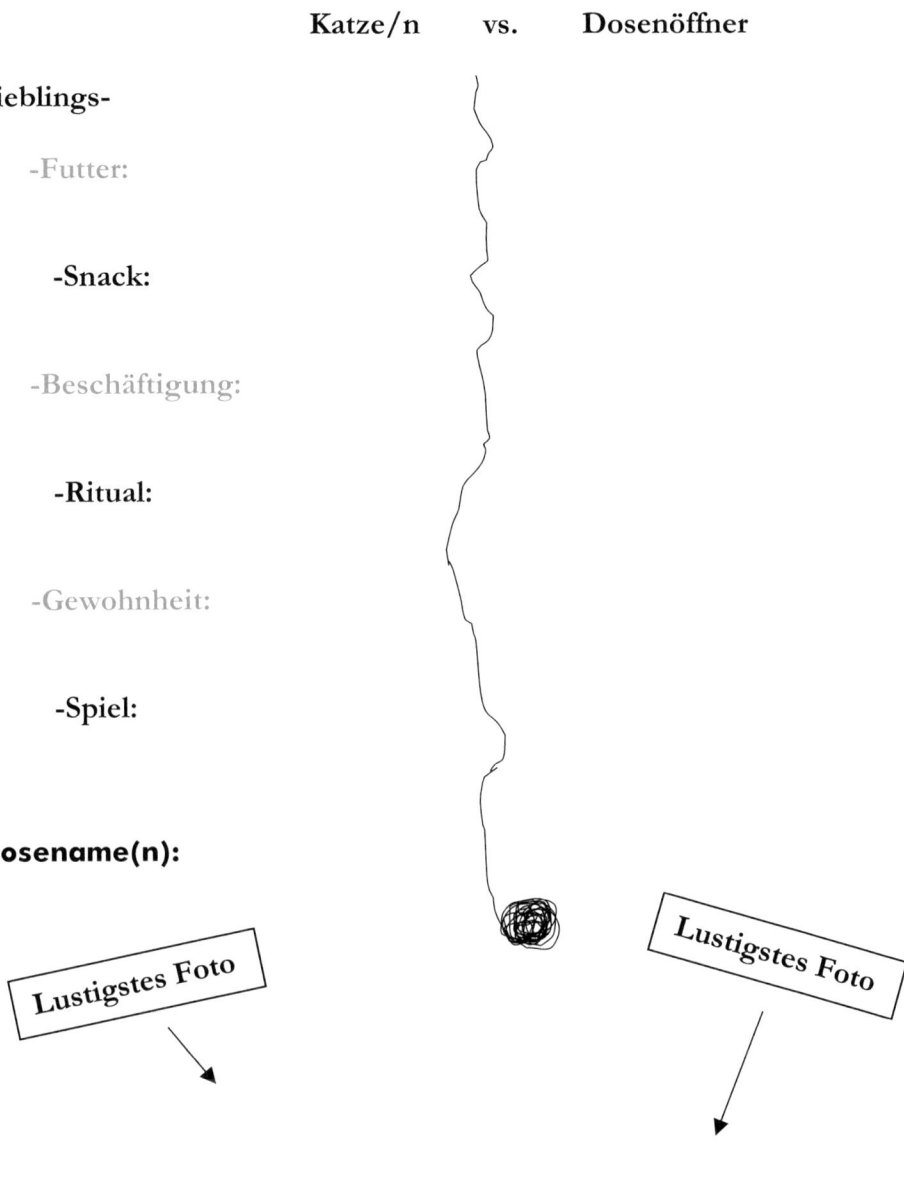

Lustigstes Foto

Lustigstes Foto

Ohne Foto:
Bring mich
anders
zum Lachen:

Dein Name…

…Dein Geburtstag

Hier ist Platz für ein

Foto von dir

Wann und wie haben wir uns kennengelernt:

....

....

Heutiges Datum:

Bist du Stadtmensch oder Landei:

Auf was bist du stolz:

Wie bist du `auf die Katz` gekommen:

Kannst du dir ein Leben ohne Katze(n) vorstellen:

Was magst du an mir am liebsten:

Was magst du an deiner/n Katze(n) am liebsten:

Sind Katzen ein Tor zur Unterwelt?

Dein Lieblingsbuch:

Rot / Weiß ÷ trocken / halbtrocken / lieblich

Mehr über dich:

☐ Wein ☐ Bier ☐ sonstige

☐ Tee ☐ **Kaffee** ☐ **Kakao**

☐ Vegan ☐ Vegetarier ☐ Fleischfresser

Was man von dir wissen sollte: _____

_____ ↵

Bist du schon immer Katzenfreund?

Hast du einen grünen **D**aumen?

H o b b i e s :

Was fasziniert dich am meisten an Katzen:

Dein Beruf:

FILME: Horror - Love - Thriller - SiFi - Funny - Action

Bekommt deine Katze Weihnachtsgeschenke?

Was wünschst du dir in deinem Leben?

Bringt es Pech,

wenn eine Katze

deinen Weg kreuzt?

Hier ist Platz für ein Foto
deiner Katze:

Miau

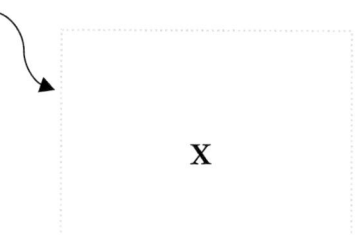 **Profil 1**

X

...falls du es schaffst, sie
zu fotografieren

Name:

Rasse:

Farbe:

Alter:

Wie kam diese Samtpfote
in dein Leben?

Wie verbringt ihr gemeinsame Zeit?

Lustigste
Angewohnheit:

Lieblingsmomente:

Charakter-
Eigenschaften:

Eine besondere Geschichte
über diese Katze:

Hier ist Platz für ein Foto
deiner Katze:

Miau

X

...falls du es schaffst, sie
zu fotografieren

Name:

Rasse:

Farbe:

Alter:

Wie kam diese Samtpfote
in dein Leben?

Wie verbringt ihr gemeinsame Zeit?

Lieblingsmomente:

Lustigste
Angewohnheit:

Charakter-
Eigenschaften:

Eine besondere Geschichte
über diese Katze:

Hier ist Platz für ein Foto deiner Katze:

Miau

 **Profil 3**

X

…falls du es schaffst, sie zu fotografieren

Name:

Rasse:

Farbe:

Alter:

Wie verbringt ihr gemeinsame Zeit?

Wie kam diese Samtpfote in dein Leben?

Lustigste Angewohnheit

Lieblingsmomente:

Charakter-Eigenschaften:

Eine besondere Geschichte über diese Katze:

Katze/n   vs.   Dosenöffner

Lieblings-

-Futter:

-Snack:

-Beschäftigung:

-Ritual:

-Gewohnheit:

-Spiel:

Kosename(n):

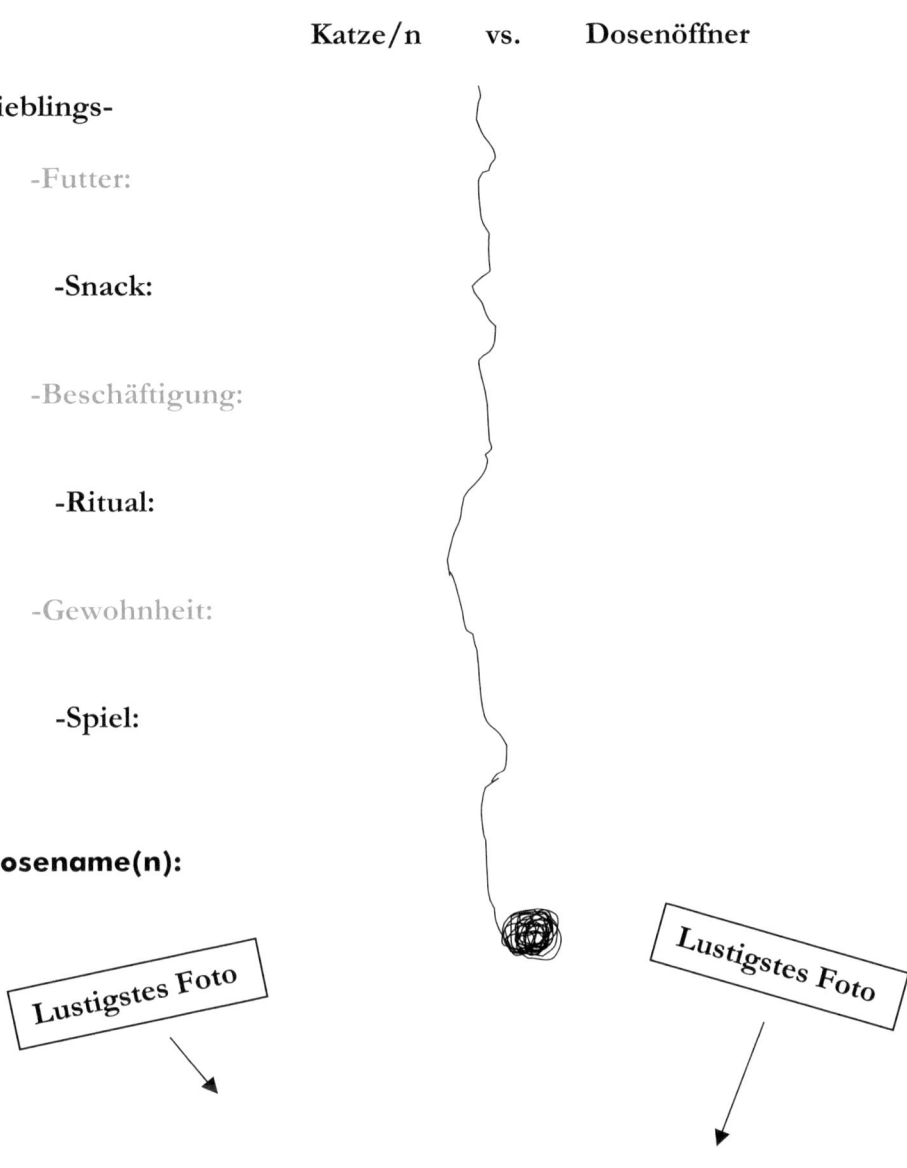

Lustigstes Foto

Lustigstes Foto

Ohne Foto:
Bring mich
anders
zum Lachen:

Dein Name...

...Dein Geburtstag

Hier ist Platz für ein

Foto von dir

Heutiges Datum:

Wann und wie haben wir uns kennengelernt:

....

....

Bist du Stadtmensch oder Landei:

Auf was bist du stolz:

Wie bist du `auf die Katz` gekommen:

Kannst du dir ein Leben ohne Katze(n) vorstellen:

Was magst du an mir am liebsten:

Was magst du an deiner/n Katze(n) am liebsten:

Sind Katzen ein Tor zur Unterwelt?

Dein Lieblingsbuch:

Rot / Weiß ÷ trocken / halbtrocken / lieblich

Mehr über dich:

☐ Wein ☐ Bier ☐ sonstige

☐ **Tee** ☐ **Kaffee** ☐ **Kakao**

☐ Vegan ☐ Vegetarier ☐ Fleischfresser

Was man von dir wissen sollte: _____

_____ ↵

Bist du schon immer Katzenfreund?

Hast du einen grünen **D**aumen?

H o b b i e s :

Was fasziniert dich am meisten an Katzen:

Dein Beruf:

FILME: Horror - Love - Thriller - SiFi - Funny - Action

Bekommt deine Katze Weihnachtsgeschenke?

Was wünschst du dir in deinem Leben?

Bringt es Pech,

wenn eine Katze

deinen Weg kreuzt?

Hier ist Platz für ein Foto
deiner Katze:

Miau

🐁 **Profil 1**

X

…falls du es schaffst, sie
zu fotografieren

Name:

Rasse:

Farbe:

Alter:

Wie verbringt ihr gemeinsame Zeit?

Wie kam diese Samtpfote
in dein Leben?

Lustigste
Angewohnheit:

Lieblingsmomente:

Charakter-
Eigenschaften:

Eine besondere Geschichte
über diese Katze:

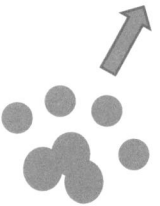

Hier ist Platz für ein Foto deiner Katze:

Miau

🐈 **Profil 2**

X

…falls du es schaffst, sie zu fotografieren

Name:

Rasse:

Farbe:

Alter:

Wie kam diese Samtpfote in dein Leben?

Wie verbringt ihr gemeinsame Zeit?

Lieblingsmomente:

Lustigste Angewohnheit:

Charakter-Eigenschaften:

Eine besondere Geschichte über diese Katze:

Hier ist Platz für ein Foto
deiner Katze:

Miau

 **Profil 3**

X

...falls du es schaffst, sie
zu fotografieren

Name:

Rasse:

Farbe:

Alter:

Wie verbringt ihr gemeinsame Zeit?

Wie kam diese Samtpfote
in dein Leben?

Lustigste
Angewohnheit

Lieblingsmomente:

Charakter-
Eigenschaften:

Eine besondere Geschichte
über diese Katze:

Katze/n   vs.   Dosenöffner

Lieblings-

-Futter:

-Snack:

-Beschäftigung:

-Ritual:

-Gewohnheit:

-Spiel:

Kosename(n):

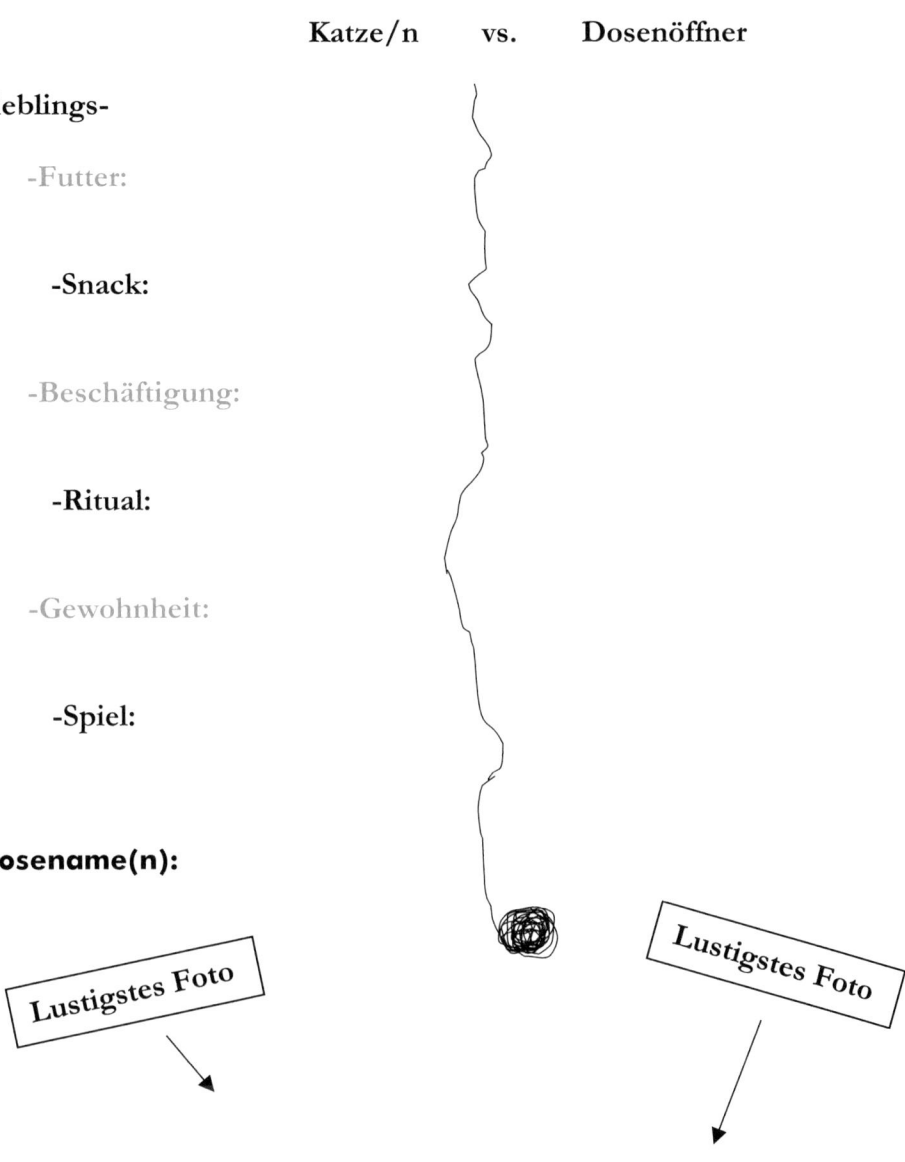

Lustigstes Foto

Lustigstes Foto

Ohne Foto:
Bring mich
anders
zum Lachen:

Dein Name…

…Dein Geburtstag

Hier ist Platz für ein

Foto von dir

Wann und wie haben wir uns kennengelernt:

....

....

**Bist du
Stadtmensch
oder Landei:**

Auf was bist du stolz:

Wie bist du `auf die
Katz` gekommen:

Kannst du dir ein Leben ohne
Katze(n) vorstellen:

Was magst du an
mir am liebsten:

Was magst du an deiner/n
Katze(n) am liebsten:

Sind Katzen
ein Tor zur
Unterwelt?

Dein Lieblingsbuch:

Rot / Weiß ÷ trocken / halbtrocken / lieblich

Mehr über dich:

☐ Wein ☐ Bier ☐ sonstige

☐ Tee ☐ Kaffee ☐ Kakao

☐ Vegan ☐ Vegetarier ☐ Fleischfresser

Was man von dir wissen sollte: _____

_____ ↵

Bist du schon immer Katzenfreund?

Hast du einen grünen **D**aumen?

H o b b i e s :

Was fasziniert dich am meisten an Katzen:

Dein Beruf:

FILME: Horror - Love - Thriller - SiFi - Funny - Action

Bekommt deine Katze Weihnachtsgeschenke?

Was wünschst du dir in deinem Leben?

Bringt es Pech,

deinen Weg kreuzt?

wenn eine Katze

Hier ist Platz für ein Foto
deiner Katze:

 **Profil 1**

X

…falls du es schaffst, sie
zu fotografieren

Name:

Rasse:

Farbe:

Alter:

Wie verbringt ihr gemeinsame Zeit?

Wie kam diese Samtpfote
in dein Leben?

Lustigste
Angewohnheit:

Lieblingsmomente:

Charakter-
Eigenschaften:

Eine besondere Geschichte
über diese Katze:

Hier ist Platz für ein Foto
deiner Katze:

Miau

X

...falls du es schaffst, sie
zu fotografieren

Name:

Rasse:

Farbe:

Alter:

Wie kam diese Samtpfote
in dein Leben?

Wie verbringt ihr gemeinsame Zeit?

Lieblingsmomente:

Lustigste
Angewohnheit:

Charakter-
Eigenschaften:

Eine besondere Geschichte
über diese Katze:

Hier ist Platz für ein Foto
deiner Katze:

X

...falls du es schaffst, sie
zu fotografieren

Name:

Rasse:

Farbe:

Alter:

Wie verbringt ihr gemeinsame Zeit?

Wie kam diese Samtpfote
in dein Leben?

Lustigste
Angewohnheit

Lieblingsmomente:

Charakter-
Eigenschaften:

Eine besondere Geschichte
über diese Katze:

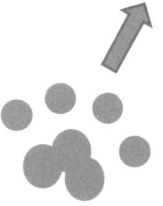

Katze/n   vs.   Dosenöffner

Lieblings-

-Futter:

-Snack:

-Beschäftigung:

-Ritual:

-Gewohnheit:

-Spiel:

Kosename(n):

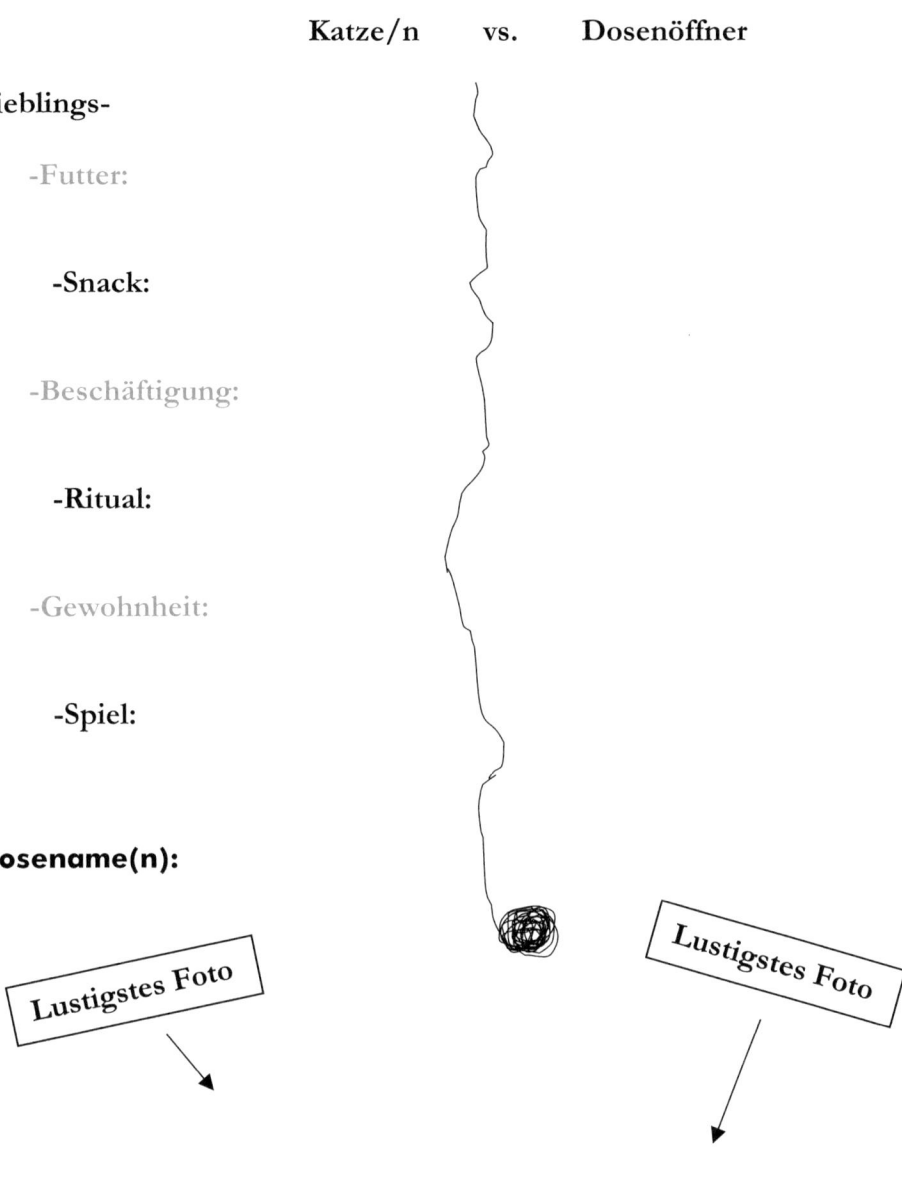

Lustigstes Foto

Lustigstes Foto

Ohne Foto:
Bring mich
anders
zum Lachen:

Dein Name…

…Dein Geburtstag

Hier ist Platz für ein

Foto von dir

Wann und wie haben wir uns kennengelernt:

....

....

Heutiges Datum:

Bist du Stadtmensch oder Landei:

Auf was bist du stolz:

Wie bist du `auf die Katz` gekommen:

Kannst du dir ein Leben ohne Katze(n) vorstellen:

Was magst du an mir am liebsten:

Was magst du an deiner/n Katze(n) am liebsten:

Sind Katzen ein Tor zur Unterwelt?

Dein Lieblingsbuch:

Rot / Weiß ÷ trocken / halbtrocken / lieblich

Mehr über dich:

☐ Wein ☐ Bier ☐ sonstige

☐ **Tee** ☐ **Kaffee** ☐ **Kakao**

☐ Vegan ☐ Vegetarier ☐ Fleischfresser

Was man von dir wissen sollte: _____

_____ ↵

Bist du schon immer Katzenfreund?

Hast du einen grünen **D**aumen?

H o b b i e s:

Was fasziniert dich am meisten an Katzen:

Dein Beruf:

FILME: Horror - Love - Thriller - SiFi - Funny - Action

Bekommt deine Katze Weihnachtsgeschenke?

Was wünschst du dir in deinem Leben?

Bringt es Pech,

wenn eine Katze

deinen Weg kreuzt?

Hier ist Platz für ein Foto
deiner Katze:

Miau

 **Profil 1**

X

...falls du es schaffst, sie
zu fotografieren

Name:

Rasse:

Farbe:

Alter:

Wie verbringt ihr gemeinsame Zeit?

Wie kam diese Samtpfote
in dein Leben?

Lustigste
Angewohnheit:

Lieblingsmomente:

Charakter-
Eigenschaften:

Eine besondere Geschichte
über diese Katze:

Hier ist Platz für ein Foto
deiner Katze:

Miau

X

Name:

...falls du es schaffst, sie
zu fotografieren

Rasse:

Farbe:

Alter:

Wie kam diese Samtpfote
in dein Leben?

Wie verbringt ihr gemeinsame Zeit?

Lieblingsmomente:

Lustigste
Angewohnheit:

Charakter-
Eigenschaften:

Eine besondere Geschichte
über diese Katze:

Hier ist Platz für ein Foto
deiner Katze:

Miau

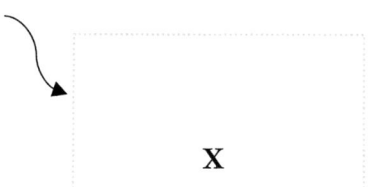 **Profil 3**

X

Name:

Rasse:

Farbe:

...falls du es schaffst, sie
zu fotografieren

Alter:

Wie kam diese Samtpfote
in dein Leben?

Wie verbringt ihr gemeinsame Zeit?

Lustigste
Angewohnheit

Lieblingsmomente:

Charakter-
Eigenschaften:

Eine besondere Geschichte
über diese Katze:

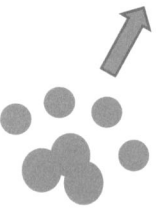

Katze/n   vs.   Dosenöffner

Lieblings-

   -Futter:

    -Snack:

   -Beschäftigung:

    -Ritual:

   -Gewohnheit:

    -Spiel:

Kosename(n):

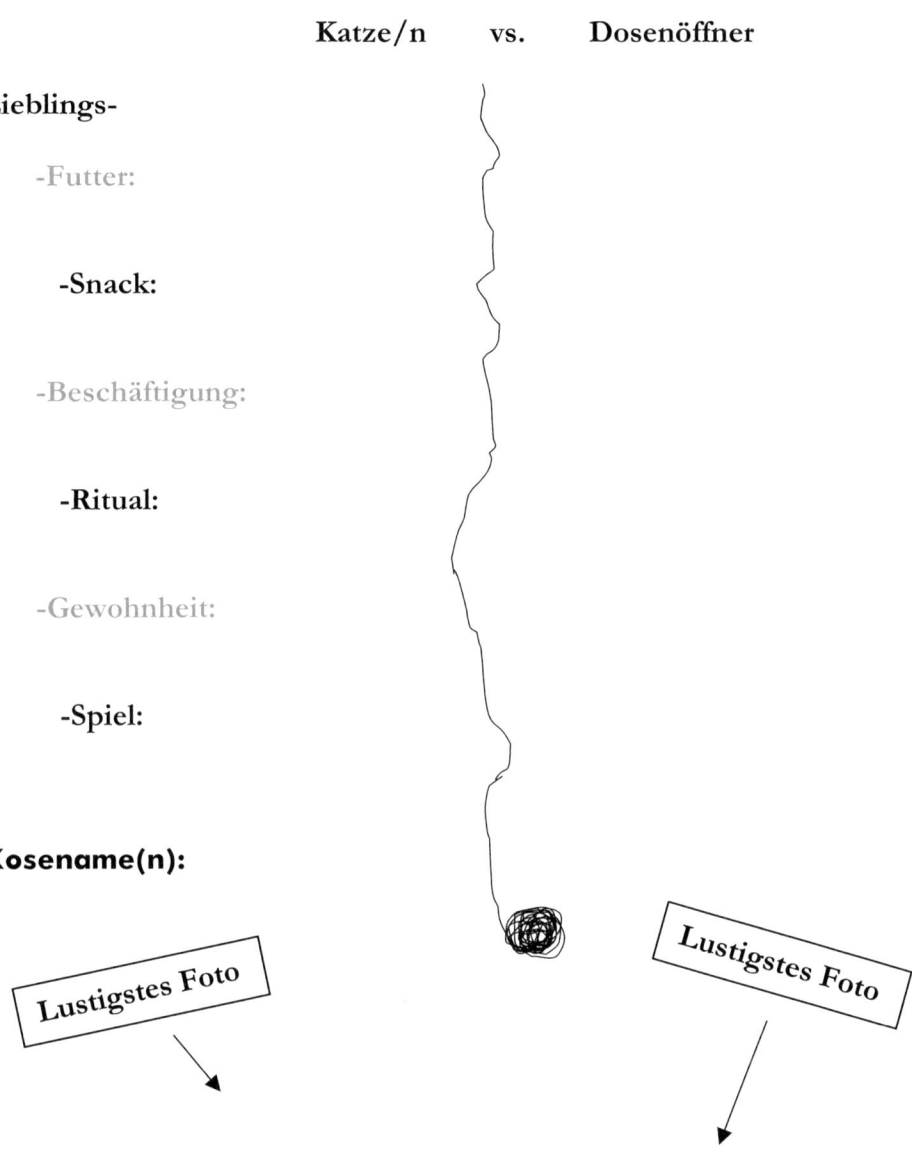

Lustigstes Foto

Lustigstes Foto

Ohne Foto:
   Bring mich
     anders
      zum Lachen:

Weitere Bücher des Verlages:

Das Partyspielebuch – Johanna Miller

Viele tolle Partyspiele für verschiedene Anlässe, wie zum Beispiel:

Hochzeitsspiele, Geburtstagsspiele, Familienfestspiele, Trinkspiele, Babyshower...

Mit Liste der benötigten Sachen für jedes Spiel.

Paperback, 100 Seiten, ISBN-13: 978-3-7412-8987-3

Mal Mich – Skulls – Danita Molina

Malbuch für Erwachsene und Jugendliche.

Thema: Totenköpfe. Auch für Anfänger geeignet, denn es sind nicht nur Bilder mit sehr kleinen Ausmalformen vorhanden.

Ausmalen entspannt, macht den Kopf frei, hilft die eigene Kreativität zu fördern, unterstützt bei depressiven Verstimmungen und wirkt sich positiv auf das Wohlbefinden aus. Eine gute Musik oder ein Hörbuch dazu, ein warmer Kakao und der Tag gehört euch.

Paperback, 56 Seiten, ISBN-13: 978-3-7431-7765-9

101 Dinge – Danita Molina

Dieses Buch soll dir eine Anregung geben, welche 101 Dinge du mal getan haben solltest, bevor du…

Auf der linken Seite steht die Aufgabe, die ihr erfüllen sollt, und auf der rechten Seite habt ihr Platz für einen Bericht, ein Beweisfoto, oder, oder, oder.

Paperback, 208 Seiten, ISBN-13: 978-3743190528

Das Antwortenbuch – Danita Molina

Deine Entscheidunghilfe für jede Situation. Du hast eine Frage und weißt die Antwort aktuell nicht? Denn eigentlich weißt du sie, wenn du genau darüber nachdenkst. Das Buch hilft dir dabei auf die Sprünge. Stelle eine Frage und schlage blind eine Seite deiner Wahl auf, denke über die Antwort nach und du wirst deine Entscheidung treffen.

Paperback, 264 Seiten, ISBN-13: 978-3-7448-3685-2

Autobahn – Danny Miller

Roman

Missy entflieht wütend einem zu eskalieren drohenden Streit mit ihrem Partner, indem sie in ihr Auto steigt und ohne Ziel losfährt um den Kopf freizubekommen. In Gedanken bei dem Streit bemerkt sie erst nach einer Weile, dass sie an dem Abend dem Anschein nach die einzige Verkehrsteilnehmerin auf der Autobahn ist.

Paperback, 230 Seiten, ISBN-13: 978-3752812336

Herstellung und Verlag:
BoD – Books on Demand, Norderstedt
ISBN 978-3-7504-6190-1